QUELQUES

OBSERVATIONS

SUR LA LOI

DES ÉLECTIONS.

· DE L'IMPRIMERIE DE FAIN,

RUE DE RACINE, N°. 4, PLACE DE L'ODÉON.

QUELQUES
OBSERVATIONS
SUR LA LOI
DES ÉLECTIONS.

A PARIS,

Chez DELAUNAY, Libraire, Palais Royal,
Galerie de Bois, n°. 143.

1816.

QUELQUES

OBSERVATIONS

SUR LA LOI

DES ÉLECTIONS.

Il ne suffit pas d'avoir une Chambre héréditaire et une Chambre élective, et de suivre à la lettre toutes les formes du système parlementaire, pour qu'une Nation ait un véritable gouvernement représentatif. On pourrait faire du despotisme avec des lois, tout aussi facilement qu'avec des décrets ; le pouvoir n'est même jamais plus absolu, ses excès ne sont jamais plus dangereux, que lorsqu'il parvient à s'emparer du ressort populaire, et à tourner contre la liberté les institutions qui devaient la défendre. La représentation nationale n'est réelle que lorsqu'il y a une entière identité d'opinions, de sentimens, d'intérêts, entre les représentans et les représentés, entre les Chambres et la Nation ; c'est avec ces conditions qu'elle n'est pas un bienfait illusoire ; c'est alors seulement qu'elle peut garantir les droits du peuple.

On peut le dire : de la loi sur les élections dont on s'occupe dans ce moment , dépend tout nôtre avenir politique. Ne nous exposons point au danger de voir troubler un jour notre repos par les demandes d'une réforme parlementaire. C'est cette loi qui va décider si vingt-cinq années de sacrifices ne seront pas entièrement perdues pour la France , et si l'adoption sincère des principes constitutionnels , en triomphant de nos discordes, vaincra enfin cette résistance qui nous a déjà causé tant de maux. Une loi qui tient de si près à notre bonheur social , sera sans doute l'objet des plus mûres délibérations : les moindres considérations deviennent importantes, lorsqu'elles se rattachent à un aussi grand sujet.

La première prétention que je sens le besoin de discuter , est celle que les esprits, même les plus éclairés , ne craignent pas de manifester : que le Gouvernement doit exercer une grande influence sur les élections ; que cette influence est salutaire , légale , indispensable , et qu'elle est entièrement compatible avec les principes du Gouvernement représentatif. Veut - on parler d'une influence qui naîtrait des vices mêmes de la loi ; veut-on dire qu'afin de laisser un libre cours à l'action de l'autorité , il faut mettre des obstacles à l'action pleine et entière de la volonté

des électeurs ; alors il sera impossible de s'entendre ; car, si le premier but que l'on doit se proposer n'est pas d'avoir une véritable représentation ,
notre nouveau Gouvernement devient sans utilité
et sans objet. Veut-on dire simplement qu'après
avoir fait la meilleure loi possible pour assurer
la liberté et l'indépendance de l'élection populaire, la lice restera également ouverte à l'influence des ministres ; cette influence sans doute,
qui ne sera alors que personnelle , qui n'aura
qu'une force morale, et qui ne prendra plus ses
moyens dans la loi , ne peut leur être interdite.

Ceux qui voudraient aller plus loin , sont dans
l'erreur ; on ne pourrait admettre l'intervention
ministérielle dans le sens qu'ils veulent l'entendre,
sans saper les bases de toute bonne représentation. On cite l'exemple de l'Angleterre, les vices
de son système électoral , ses bourgs pourris, l'influence de sa grande aristocratie ; je crois qu'on
irait jusqu'à vanter la corruption trop connue
qu'on y exerce ; mais ce serait bien mal choisir
nos modèles. L'Angleterre a-t-elle été si constamment heureuse, est-elle en effet si bien constituée,
qu'il faille imiter jusqu'aux défauts de ses lois politiques ? Ne s'élève-t-il pas chez elle-même un
concert de voix qui signalent les vices de sa représentation actuelle, et qui y demandent des changemens ? D'ailleurs, en prenant l'Angleterre pour

exemple, on oublie que, chez elle, l'influence du pouvoir exécutif sur le pouvoir électoral, est compensée en grande partie par le nombre étendu des membres qui composent la Chambre des Communes. Si l'Angleterre, avec une population de seize millions d'habitans, a près de sept cents Députés, la France devrait en avoir au moins neuf cents. Notre Chambre des Députés a donc tout au plus le quart des membres qu'elle devrait avoir ; et les Ministres, ne pussent - ils disposer que d'une centaine de voix, deviendraient les maîtres de la représentation nationale. Mais puisque la Charte a fixé le nombre de nos mandataires ; puisque, d'un autre côté, nous ne pouvons choisir que des hommes parvenus à un âge où déjà l'énergie est moins active ; puisque tant de causes se réunissent pour diminuer la force si nécessaire de la Chambre élective, au moins n'abandonnons pas les ressources que des élections parfaitement libres laissent encore à la volonté publique, à l'opinion nationale. Si les Ministres devaient gouverner mécaniquement nos élections, la Chambre des Députés serait bientôt composée de manière à n'être plus qu'un conseil. Le pouvoir ne repousse pas précisément les lumières ; mais, en général, il ne veut éprouver aucune résistance ; après avoir écouté, il veut prononcer en maître. Avec de pareilles maximes, nous n'aurions que

le vain simulacre d'un Gouvernement représentatif.

Puisque la véritable représentation ne peut résulter que de l'identité entre la volonté des corps
qui font la loi et la volonté du peuple pour lequel
on la fait, il faut que les intérêts de toutes les
classes de la société soient suffisamment représentés; aucune exception entre ces intérêts ne peut
être admise. Ce serait une grande erreur que de
n'avoir égard qu'à la propriété territoriale. Ceux
qui regardent ce genre de propriété comme seul
indispensable, confondent les principes de la démocratie avec la théorie des gouvernemens repré-
sentatifs. Si, dans le premier de ces gouvernemens, la propriété est une condition absolue et
exclusive pour participer au droit politique, c'est
qu'un tel droit, dans la démocratie, est une par-
ticipation à la souveraineté, et que, par sa nature,
la souveraineté est territoriale. Les bases du gouvernement représentatif sont différentes : il est éta-
bli pour représenter, non-seulement la propriété,
mais tous les élémens de l'opinion publique, tous
les intérêts et tous les droits.

Les données primitives de l'état social ont d'ailleurs changé de face; l'industrie, les sciences et les
talens acquis, les services même rendus à la patrie,
sont devenus des propriétés non moins réelles, non
moins importantes que la propriété territoriale.

Tout montre donc que, dans l'état actuel de notre civilisation, il faut remonter à un principe plus général. La seule condition véritablement indispensable est d'offrir à l'État une garantie suffisante. On verra, en y réfléchissant, que le problème ne peut être résolu qu'en admettant aux élections le plus grand concours possible de citoyens; c'est là la première condition d'une bonne loi sur cette matière. La seconde condition est l'entière liberté des suffrages. Les observations que je me suis proposé de consigner dans cet écrit, se rapportent uniquement à ces deux conditions. Mon but n'est pas d'approfondir cet important sujet; s'il fallait remonter jusqu'aux premiers principes, des volumes entiers suffiraient à peine.

On se rappelle encore avec quelle unanimité l'opinion repoussa le projet de loi présenté dans la dernière session. Les vices de ce projet furent si généralement reconnus, qu'aucun écrivain ne sentit la nécessité de le combattre; aucune brochure, aucun journal même n'en fit l'objet de ses discussions. Tel n'est pas le projet actuel, il s'en faut de beaucoup. On ne saurait nier que cette loi sur les élections ne soit une des meilleures qu'on ait encore proposées; si elle n'atteint pas le but entièrement, au moins elle en approche assez pour en espérer de plus heureux résultats que ceux que nous ayons obtenus jusqu'à présent de nos assemblées politiques. Mais c'est à raison même de cette plus grande perfection, qu'il devient essentiel de ne dissimuler aucune des objections dont elle paraît encore susceptible. Les mauvaises lois finissent par tomber d'elles-mêmes ; les bonnes lois, au contraire, s'établissent, et avec elles les mauvaises dispositions qu'on y a laissées se perpétuent également; il importe ainsi d'en effacer jusqu'aux moindres taches.

Avant d'en venir à l'examen particulier des différens articles de la loi, je ferai quelques réflexions au sujet des deux principes fondamentaux qui forment la base du nouveau projet. Ces principes sont : 1°. le concours dans les élections de tous les citoyens payant 300 fr. de contribution directe; 2°. l'admission d'un seul degré d'élection, et par conséquent le principe de l'élection directe. Je me hâte cependant d'avertir que, même en exposant quelques objections contre ces principes, mon intention n'est pas de les combattre d'une manière absolue. Quoiqu'il me soit permis de supposer qu'on eût pu trouver un système préférable en quelques points, je n'en suis pas moins convaincu, que celui que les Ministres ont adopté peut être compatible avec une bonne loi.

Les citoyens ne peuvent concourir au droit d'élection que sous certaines conditions qui soient une garantie de la part présumable qu'ils prennent à l'ordre social et aux intérêts de leur pays ; ce principe est admis dans tous les Gouvernemens réprésentatifs. Le nouveau projet, en faisant consister cette condition dans le payement d'une contribution directe de 300 francs, semble s'appuyer sur une disposition formelle de la Charte. Il est impossible cependant de ne pas regretter qu'une condition aussi élevée, exclue du droit d'élection un si grand nombre de citoyens. Je pourrais rappeler à ceux qui se plaisent à citer l'exemple de l'Angleterre, que la constitution de ce pays admet comme électeurs des citoyens qui n'ont qu'un revenu de 40 schellings, tandis que 300 francs de contributions supposent en France, d'après la différence proportionnelle des impositions d'un département à un autre, un revenu de 2000 à 4000 francs. Le Ministre lui-même avoue que nous n'aurons pas cent quarante mille électeurs. Retranchez de ce nombre ceux qu'un âge trop avancé, des infirmités, l'absence, le défaut d'aisance, l'indifférence même empêcheront de se rendre au chef-lieu ; retranchez encore le double emploi des citoyens qui payent des contributions dans divers départemens à la fois, erreur presque impossible à éviter dans les renseignemens que le Ministère aura recueillis ; et, en définitif, on pourra admettre que les élections seront le résultat du concours de quatre-vingt mille Français au plus. Mais supposons même que ce nombre s'élève à ceut quarante mille, supposons que tous ces électeurs, étant chefs de famille, puissent représenter cinq cent soixante mille individus ; il y aura encore en France plus de vingt-cinq millions d'habitans qui seront privés de l'exercice de tout droit politique ! C'est en vain que le Ministre promet une sorte de compensation, en annonçant une loi qui fera élire par les citoyens un certain nombre de conseils inférieurs dans l'ordre administratif ; il ne s'agit plus ici de droit politique, proprement dit ; ces élections appartiennent bien plus particulièrement à l'exercice du droit municipal. Dira-t-on encore que c'est la Charte elle-même qui a fixé cette quotité de 300 francs ? Cette objection a déjà été réfutée cent fois. La Charte n'exige cette condition que pour ceux qui sont appelés à élire les *députés* ; rien n'indique qu'elle soit nécessaire pour ceux qui ne doivent nommer que des *électeurs*. En un mot, la Charte n'exige une contribution de 300 francs que pour les électeurs du dernier degré ; mais elle ne s'oppose pas à ce qu'il y ait un degré d'élection inférieur. Ceci me conduit à l'examen du second principe du nouveau projet, celui de l'élection directe.

Le nombre trop restreint des électeurs est déjà l'un des vices principaux de ce système ; l'é-

lection directe entraîne encore un autre inconvénient non moins grave, celui de la perpétuité
des fonctions d'électeurs. Les hommes sont su-
jets à tant de changemens dans leurs mœurs,
leurs habitudes, leurs besoins, leurs moyens de
prospérité, qu'ils ne sauraient être gouvernés
par des lois constamment les mêmes. Tel régime
qui leur a convenu pendant une longue série
d'années, peut devenir insuffisant pour leur
bonheur et contraire à leurs nouveaux intérêts.
Il faut donc que cette révolution lente, il est
vrai, mais permanente, s'étende jusqu'à la légis-
lation, afin qu'elle suive sans secousse tous les
progrès de la raison, toutes les variations de l'état
social. Des électeurs choisis à l'instant même
dans le sein de la nation et par le plus grand
concours de ses citoyens, exprimeront sans doute
la volonté générale, les vœux actuels de la France;
mais des électeurs désignés à perpétuité ne pour-
ront-ils pas, à la longue, se séparer, pour ainsi
dire, du reste de la nation, se former des intérêts différens, contracter un dangereux esprit
de corps ? La nécessité de renouveler les députés n'a jamais été contestée; les mêmes motifs
qui ont déterminé ce principe peuvent s'appliquer
au renouvellement des électeurs, puisque ceux-
ci ne sont pas encore la nation, et qu'ils n'exercent
eux-mêmes qu'une sorte de représentation.

Si j'avais à proposer un projet de loi sur les élections, d'après les idées que je viens de développer, je croirais pouvoir le faire sans m'écarter d'aucune disposition de la Charte.

Chaque département aurait six cents électeurs au moins et douze cents au plus, en proportion de sa population. Il n'y aurait qu'un seul collége sans sous-divisions.

Ces électeurs seraient nommés tous les cinq ans dans les assemblées primaires, par l'universalité des citoyens, payant 25 francs de contributions.

Ces nominations seraient faites sur une liste arrêtée d'avance des contribuables de 300 francs : toutefois, dans les départemens où le nombre de ceux-ci ne s'élèverait pas au moins au double de celui des électeurs à nommer, la liste serait complétée par les plus imposés au-dessous de 300 francs. Cette dernière disposition est dans l'esprit de la Charte, puisqu'elle permet une exemption analogue pour la quotité de la contribution des Députés.

Les autres dispositions de la loi ne se rapporteraient qu'à l'exécution de ces points fondamentaux.

On voit, par ces aperçus, que je ne fais qu'indiquer, sous un point de vue général, qu'il ne serait pas impossible de faire une bonne loi sur les

élections, avec des principes essentiellement différens de ceux qui servent de base au projet des
Ministres. Je dois avouer cependant que la plu-
part des inconvéniens que j'ai opposés au système
de la nouvelle loi, sont, en grande partie, compensés
ou atténnés, par le nombre étendu des membres
qui composeront les colléges électoraux. L'objection que l'on peut fonder sur la perpétuité des
fonctions d'électeurs, est affaiblie par les lois du
mouvement de la population et de celui de la for-
tune. Ces différentes mutations ameneront conti-
nuellement une sorte de renouvellement partiel
dans le corps des électeurs.

Je vais donc rentrer dans l'esprit même de la
nouvelle loi ; c'est en adoptant les propres principes qui la constituent, que je vais passer à la dis-
cussion particulière de ceux des articles de ce
projet, qui me paraissent donner lieu à quelques
observations.

L'article Ier. désigne comme électeurs tous
les Français payant 300 francs de contribution
directe, et âgés de trente ans. Il faudrait ajouter,
que dans les départemens où le nombre des citoyens qui remplissent ces conditions ne s'élève
pas à six cents, ce nombre sera complété par les
plus imposés au dessous de 300 francs. J'ai déjà
fait remarquer que la Charte admet une semblable
exception pour les contributions des Députés ; on

peut donc l'étendre par analogie aux électeurs. Cet amendement est de la plus rigoureuse nécessité ; sans son adoption, il y aurait en France un grand nombre d'arrondissemens qui ne fourniraient, pour ainsi dire, point d'électeurs.

L'article II indique les cas où il peut y avoir transmission de contributions. On compte au mari les impositions de sa femme, et au père celles de ses enfans ; pourquoi ne pas étendre davantage cette faculté ? N'oublions pas combien il importe à la représentation nationale d'obtenir le plus grand concours possible d'électeurs. Il suffit qu'un moyen de plus d'atteindre ce grand but ne soit pas contraire à la Charte, pour qu'on ne puisse se dispenser de l'adopter. Les cas de transmission sont bien plus étendus pour les Députés ; ainsi, la faculté que l'on accorderait pour le plus haut degré de la représentation, ne serait point admise dans un degré inférieur ; comment justifier cette contradiction ? Pourquoi, par exemple, le fils ne pourrait-t-il plus profiter des contributions de sa mère, lorsqu'elle est veuve ? Les droits d'un fils, destiné à hériter des biens de sa mère, sont bien plus fortement établis que ceux d'un mari qui ne vit pas en communauté avec sa femme, ou que ceux d'un père d'enfans mineurs, qui ne jouit que temporairement de leurs biens.

Les articles V et VI veulent que les préfets

fassent afficher les listes des électeurs, et qu'ils prononcent provisoirement en conseil de préfecture sur les réclamations qui s'élèveront contre la teneur de ces listes. Voilà un droit bien important et bien dangereux que l'on accorde au préfet ou à son conseil. En fait d'élection, le provisoire entraîne en quelque sorte le définitif; puisque la décision supérieure n'interviendra que quand les élections seront déjà consommées. Il faudrait au moins arrêter que les listes d'électeurs seront publiées à une époque assez éloignée des élections, pour que chaque réclamant ait le temps de recourir contre les décisions du préfet. Il serait facile ensuite de rectifier, au moment des élections, les mutations peu nombreuses qui auraient eu lieu depuis la publication des listes. C'est le préfet qui les a faites, donc ce n'est pas lui qui devrait avoir le droit de les juger.

L'article IX décide qu'il n'y aura qu'une seule assemblée d'électeurs dans les départemens où leur nombre n'excède pas six cents. S'il y a une assemblée réelle, de manière que tous les électeurs votent à la fois, cet article peut-être admis; une assemblée de six cents membres serait déjà assez nombreuse. Mais si, comme le suppose le projet, les électeurs votent à des heures différentes, à mesure qu'ils se présentent, il n'y a aucune raison pour restreindre ce nombre à six cents; on pourrait, sans inconvénient, l'étendre jusqu'à douze cents. Ce serait un moyen de simplifier les opérations.

Mais peut-on concevoir des élections sans une assemblée réelle, ou du moins est-ce là le véritable moyen de recueillir tous les avantages de cette réunion politique? Dans une assemblée réelle, des relations utiles s'établissent entre toutes les classes de la société ; les préjugés contre les rangs se dissipent, parce que le besoin de la popularité les rapproche. On apprend à y connaître les hommes éclairés et les bons citoyens, et l'opinion publique s'y montre dans toutes ses ramifications. Pourquoi renoncerait-on à ce moyen d'harmonie, à l'utile ébranlement qu'une grande réunion de citoyens donne nécessairement à l'esprit national? Il n'est plus alors question de collége ; un électeur arrive, et ne connaît souvent personne ; les renseignemens qu'il aura à recevoir lui viendront exclusivement du bureau, qui recevra son suffrage, mais qui propablement l'inspirera. Autant vaudrait-il se borner à ordonner que chacun enverra son vote par la poste.

L'article X règle la formation du bureau de chaque assemblée. Le bureau du collége électoral se compose du président nommé par le Roi, du maire, de trois scrutateurs et d'un secrétaire, désignés par les deux premiers. Le bureau de chaque section se forme d'un vice-président, également nommé par le Roi, et de trois scrutateurs et d'un secrétaire; que désigne le vice-président. Il est impossible de ne pas regarder cette composition des bureaux comme essentiellement vicieuse. Les bons esprits doivent sans doute supposer que le choix du Roi ne tombera que sur des individus capables de rassurer contre toutes les craintes, et que les désignations qu'ils feront eux-mêmes ne porteront que sur des hommes également recommandables; mais lorsqu'il s'agit des élections, de ce droit purement populaire, les garanties ne sauraient être trop fortes, l'indépendance trop absolue. Il faut écarter jusqu'aux soupçons les moins fondés; il faut ne laisser aucun prétexte de réclamation à la malveillance, aucune possibilité de doute aux esprits même les plus sceptiques. Les vice-présidens des sections pourraient être nommés par les assemblées; et, pour simplifier cette nomination, on pourrait la déférer aux cent électeurs les plus anciens d'âge. Les vingt électeurs les plus âgés seraient de droit scrutateurs; ils se relèveraient par moitié. Ceux qu'une mauvaise santé ou une débilité trop marquée écarteraient de ces fonctions, seraient remplacés par ceux des électeurs qui les suivent immédiatement dans l'ordre d'ancienneté d'âge. Il y aurait trois secrétaires, que les trente électeurs les plus jeunes nommeraient eux-mêmes parmi eux. Une seule séance suffirait seulement pour toutes ces désignations préliminaires ; et cette perte de temps ne serait pas un grand inconvénient, puisque l'on consacre dix jours entiers aux élections.

L'article XII porte que chaque séance est ouverte à huit heures du matin, et ne peut se prolonger au-delà de six heures du soir; d'après le mode adopté par le projet de loi, chacun vient d poser son vote isolément, et retourne ensuite à ses occupations ordinaires, jusqu'à ce qu'il apprenne le résultat du scrutin. Pourquoi, comme je l'ai déjà fait remarquer, les électeurs ne se réuniraient-ils pas en assemblée pour voter tous ensemble à la même heure? N'est-il pas naturel qu'ils s'entendent entre eux pour les choix qu'ils ont à faire ? Ce choix ne devrait-il pas être le résultat d'une espèce de délibération? Il me semble que l'importance du sujet mériterait bien cette manière de procéder.

L'article XIII porte, au quatrième paragraphe, que le recensement général des votes sera fait par le bureau du collége, en présence des vice-présidens des sections ; on devrait ajouter : Et en présence de tous autres électeurs qu'il plaira aux bureaux des sections de députer à ce sujet. Ne craignons pas de multiplier les précautions ; rien n'est indifférent lorsqu'il s'agit d'assurer l'inviolabilité des suffrages.

L'article XIV porte que le quart plus une des voix de la totalité des membres qui composent le collége, suffit pour constituer l'élection. Cet article, l'un des plus importans du projet, paraît tout-à-fait inadmissible. C'est un principe reçu, que là où il n'y a pas majorité, il n'y a pas décision. Comment! vous adopterez, comme Député, un homme qui, dans un collége de douze cents membres, je suppose, aura eu ou pu avoir neuf cents voix contre lui! Ce serait un moyen infaillible de faire triompher ou l'intrigue de quelques individus, ou l'influence du pouvoir; et ces deux inconvéniens, quoique opposés, seraient également dangereux pour la liberté des élections. D'un côté, la minorité toujours unie, parce qu'elle agit comme parti, viendrait avec une coalition toute faite de suffrages, et réunirait le nombre de voix exigé, avant que la majorité, toujours trop confiante, parce qu'elle s'abandonne à la justice de sa cause, eût pu s'entendre sur ses choix. Le même moyen serait encore entre les mains des Ministres, disposant par la force des choses, par l'influence inévitable du pouvoir, d'un très-grand nombre de voix; il leur serait trop souvent facile de réunir assez de votes pour disposer des nominations.

Vous voulez qu'une minorité dissidente ne

puisse entraver les élections par sa retraite ; ce danger ne sera plus à craindre, si vous décidez que l'élection est constituée par la majorité absolue des voix des électeurs quel que soit leur nombre. Il est impossible que jamais la majorité refuse de prendre part aux élections ; et la minorité, en s'éloignant, renonce d'elle-même à tous ses droits.

Quand même cette manière de procéder serait plus difficile dans l'exécution, ce léger obstacle ne devrait point arrêter. La difficulté ne doit jamais être considérée comme une objection, lorsqu'il s'agit d'une condition indispensable.

L'article XVII porte, que les préfets et les commandans militaires ne peuvent être élus dans les départemens où ils exercent leurs fonctions. Les mêmes motifs qui ont déterminé cette exclusion devraient la faire étendre, à plus forte raison, aux présidens et aux vice-présidens des colléges électoraux, nommés par le Roi. Nous venons de voir élire comme Députés, quarante présidens sur quatre - ving t- six. Il serait difficile aux esprits même les moins prévenus, de ne pas supposer que ces élections ne soient, en partie, le résultat de l'influence particulière que donnent aux présidens leur position et leurs fonctions. Lors même que cette croyance ne serait pas fondée, elle serait déja un mal, et, en fait d'élections, il

faut respecter jusqu'aux préventions les plus in-
justes.

Telles sont les observations que m'a suggérées
la lecture du projet de loi ; je le répète avec plai-
sir, c'est parce que le fond même de cette loi se
rapproche essentiellement des vrais principes constitutionnels, que j'ai senti le besoin de ne dissimuler aucun des défauts qui s'y trouvent encore,
et qu'il serait facile d'en écarter. Il est dans mes
principes de désapprouver toute censure inutile,
tout contrôle des actes du Gouvernement dont il
ne peut résulter aucun avantage ; mais tant qu'une
loi n'a pas encore sa dernière sanction, chaque
citoyen peut exercer le droit, et même se faire
un devoir d'en discuter avec liberté les inconvéniens et les dangers. La loi, même imparfaite,
est-elle promulguée comme volonté de l'État:
c'est alors seulement qu'un nouveau devoir com-
mence, et ce devoir est d'obéir.